© **2020 Ellis H. Potter**

Sin limitar los derechos de autor reservados aquí, no se permite la reproducción del contenido de este libro, ni total ni parcialmente, sin el previo permiso escrito del editor, excepto cuando la ley lo permita y con la excepción de citas incorporadas dentro de artículos de crítica y revisión. Tampoco se permite guardar o transmitir el contenido de este libro de forma electrónica, mecánica o de copia. Para cualquier información, contacte con: info@destinee.ch

ISBN: 978-1-938367-46-5

**Publicado por** Destinée S.A. destineemedia.com
**Editor** Peco Gaskovski
**Diseño de cubierta:** Katherine Wolff
**Portada e interior:** Per Ole Lind
**Traducido al Español por** Noemi Read
**Corregido por** Silvia Sánchez
Todos los derechos reservados por el autor.

## TRES ELEMENTOS

Este libro está compuesto por tres elementos - prosa, poesía y arte visual. Podemos hablar de elementos intelectuales, experimentales y visuales. No se han añadido comentarios elaborados a los poemas o al arte visual para que éstos hablen por sí mismos y se apoyen mutuamente. Al obtener este libro podrás percibir cómo los tres elementos se comentan y se complementan.

Ilustración de 'La nube del desconocimiento', **artista desconocido**

## ANTES DE LEER ESTE LIBRO

Para aquellos lectores que aceptan la idea de que no hay una parte sobrenatural de la realidad, entender este libro requerirá un cambio de paradigma comparable al efecto que una persona daltónica vivirá si se pone unas gafas que le permitan ver todos los colores. Para aquellos lectores que aceptan el supuesto o presuposición de que hay una parte sobrenatural de la realidad, este libro aportará mayor claridad y comprensión a esta creencia.

– *E.H.P.*

Visión de Ezequiel, **Matthäus Merian** (1593-1650)

## DEDICATORIA

Este libro está dedicado a los miembros de la Iglesia de habla inglesa de Lausana, cuyas preguntas sobre mis sermones me estimularon a escribirlo.

Josué cruzando el rio Jordán llevando el Arca del Pacto, **Benjamin West** (1738-1820)

# 1

## INTRODUCCION

En el siglo XIV se escribieron dos libros importantes en lengua inglesa. Uno era Los Cuentos de Canterbury; el otro era La Nube del Desconocimiento.
La Nube del Desconocimiento es un libro que trata sobre cómo acercarse a Dios y experimentarlo. Fue escrito por un místico inglés. Un místico es una persona que es consciente de la existencia de dimensiones sobrenaturales de la realidad y las vive. La mayoría de los místicos creen que las dimensiones sobrenaturales son más reales que las dimensiones naturales- piensan que sus visiones y sus experiencias son más auténticas que cocinar pan o cambiar pañales. Es posible que el autor de La Nube del Desconocimiento estuvie-

Ilustración de 'La nube del desconocimiento', **unbekannter Künstler**

ra viviendo una experiencia de lo que la Biblia llama la 'Nube': la Nube del Éxodo cuando cruzaban el desierto, la Nube de la Presencia de Dios en el Templo y en el Tabernáculo, la Nube de la Transfiguración, la Ascensión y la Aparición. Él o ella evaluó y entendió estas experiencias utilizando suposiciones Platónicas y/o Gnósticas y concluyó que, para poder realmente experimentar lo sobrenatural, uno tiene que olvidarse, o 'desconocer', todo acerca de la dimensión natural de la realidad. Las filosofías Platónicas y Gnósticas presuponían que la realidad está dividida en una parte superior y una parte inferior y que debemos elegir la parte superior. Las opiniones Gnósticas sobre el mundo pueden llevar a los cristianos a creer que la parte inferior, o creación, es perniciosa y debería ser evitada para que podamos trascender y vivir en la parte superior con

Dios. También creen que nuestros espíritus están a salvo con Dios en la parte superior, y lo que hacemos aquí en la parte inferior no tiene importancia.

La Biblia dice muy claramente que hay dimensiones sobrenaturales, las cuales no son más reales que las naturales. Un punto en común que tienen la Navidad y la Semana Santa es que son realidades físicas, sucesos que ocurren en las dimensiones naturales. La Nube de la que habla la Biblia es una interconexión, un punto de contacto, entre las dos. Nos ayuda a conocer la realidad de una manera más completa. La llamaré 'La Nube del Conocimiento'.

La Nube del Conocimiento se diferencia de la nube del internet porque no es virtual, sino real. No es un sitio donde guardar cosas, sino una interconexión entre el mundo visible y el invisible. Conecta la parte de la realidad que puede ser comprendida científicamente con la parte que no lo puede ser.

La realidad incluye tanto la dimensión natural como la sobrenatural, no una u otra por separado. Muchos estudiantes me preguntan, '¿Qué es la realidad?' Es una pregunta razonable. La realidad es quién es Dios, qué hace y qué quiere. Esto te incluye a ti, por supuesto, porque Dios quiere que existas, y quiere que seas completamente real. Todo lo que tiene lugar fuera de lo que es Dios, lo que hace y lo que quiere, no es tan real, porque es una distorsión, una variación injustificada o una rebelión en contra de la verdadera realidad. No es estable ni eterno y se evaporará como un sueño o como el humo. Nuestro sufrimiento no es imaginario, pero no existirá en la eternidad y no es lo que Dios quiere. Tan sólo aquello y aquellos que son verdaderamente reales o 'Santos' permanecerán para siempre.

En cierta manera, la realidad está dividida en dos partes. La primera parte es la división entre la realidad creada y la realidad no-creada. La realidad no-creada consiste en Dios. Esta realidad incluye la personalidad, el lenguaje, las relaciones, el dinamismo, el significado, las elecciones, y mucho más. La realidad creada consiste en todo lo demás y también se divide en dos partes. La primera parte incluye el espacio, el tiempo y la energía, al igual que las rocas, los árboles y las personas y a menudo se denomina la parte 'natural'. La segunda parte son los ángeles, tanto los fieles como los infieles, y las energías y dimensiones que la ciencia no puede medir; esta parte se suele llamar 'sobrenatural'. Esta realidad (tanto natural como sobrenatural) ha sido creada por la realidad no-creada y por lo tanto expresa sus características de personalidad, lenguaje, etc. Las partes creadas y las no-creadas de la realidad son inseparables.

Las dos partes de la realidad creada son similares y diferentes a la vez. Se asemejan en que ambas son dinámicas y funcionan en una matriz de secuencia.
Una matriz es una atmósfera en la que suceden cosas. La matriz del té es el agua. El té se realiza en el agua. La matriz del sonido es el aire. La matriz del e-mail es el ciberespacio. Las dos partes de la realidad creada son sencillamente el espacio natural y las dimensiones sobrenaturales. La matriz de la secuencia en el espacio (el cambio, el antes y después, el dinamismo) es el tiempo. Las cosas, o bien ocurren en

el tiempo, o no ocurren. La matriz de la secuencia fuera del espacio es la eternidad. La eternidad no es tiempo infinito. Es una matriz independiente, lo cual significa que todo punto en el tiempo está presente a todo punto en la eternidad. Este hecho nos puede ayudar a entender la Segunda epístola de Pedro 3:8-9, donde dice que 'para el Señor un día es como mil años y mil años son como un día'. Llegará un momento en el que el tiempo y la eternidad se vincularán y todo lo que es real o santo funcionará en la matriz unificada.

La Biblia habla de la Nube en muchas ocasiones y a veces la llama luz, fuego u oscuridad. La Nube es un punto de contacto que permite que las personas sean conscientes de la parte de la realidad en las dimensiones no-espaciales. Debido a que conecta a las personas con dimensiones desconocidas, los que lo experimentan lo describen de diferentes maneras. Es muy difícil describir dimensiones no-espaciales con el lenguaje que normalmente usamos para describir dimensiones espaciales. Aquellos que experimentan la Nube les dan varios términos, como 'zarza ardiente', 'ángel', 'carro de fuego' o 'carroza', 'monte de fuego' o 'terremoto'. La reacción más común de las personas que viven una experiencia de la Nube es el caerse (a veces como muertos) o el arrodillarse. El exponerse a partes de la realidad que no han sido previamente experimentadas es muy impactante.

La Nube es tanto una calle de dirección única como de doble dirección. Sólo se puede experimentar esta poderosa y reveladora Nube por invitación. Los que se las arreglan para poder acceder a la Nube acaban, por regla general, muertos, como les ocurrió a Nadab y a Abiú (Números 3:4). Dios decía a menudo a los Israelitas 'No os acerquéis' (sin invitación ni preparación). No se consigue la Nube y lo sobrenatural con una técnica adecuada. Son dones, dados ahora a unos y prometidos para todos al final. El penetrar la Nube se llama 'magia', 'chamanismo', 'brujería' o 'hechicería'- todos éstos prohibidos por la Biblia. A veces Dios permite que algunas personas entren en la Nube y les invita a 'acercarse' o 'venir aquí', y los preserva en la experiencia extraordinaria. Cuando las personas entran en la Nube, a veces no pueden sobrevivir a la experiencia.

El camino hacia esta calle de doble sentido es simplemente la oración. Cuando decimos 'Señor', se abre ese cruce y hablamos en la eternidad. Siempre estamos en la presencia de lo sobrenatural, de Dios y de la eternidad y la Biblia nos anima a ser siempre conscientes de ello. La realidad de la Nube implica que Dios siempre está presente para nosotros. La oración es como estar trabajando en el mismo lugar en el que está el Jefe que creó la compañía. Podemos hablar con él siempre. Podemos olvidarnos por algún tiempo de que está con nosotros mientras trabajamos. Su presencia es un apoyo estabilizador y un referente. Si ignoramos al Jefe y nuestro trabajo es chapucero, vago o destructivo, Dios aún sostiene la compañía (Reino) y nosotros somos los perdedores.

La Nube facilita muchas cosas: la profecía, la revelación, la inspiración, las visiones, los dones, los sueños, escuchar la voz de Dios y mucho más. En el mes de Abril de

2015, según se acercaba mi 60 cumpleaños, empecé a pensar que era hora de viajar menos, frenar mi ritmo de vida y escribir más. Unos días más tarde oí una voz en un sueño. Era una voz masculina, serena, aguda, que dijo claramente: 'Tienes una mente buena. Viaja por el mundo y ayuda a pensar a mucha gente'. En ese momento me desperté, me senté en la cama y dije 'de acuerdo'. Es curioso, porque yo no estaba buscando oír la voz de Dios. Cuando considero las muchas experiencias que vivieron las personas en la Biblia que oyeron la voz de Dios, me doy cuenta de que ninguna de ellas estaba esperando oír Su voz. Suele venir de sorpresa.

Ciertas personas están más dotadas o son más sensibles a la Nube que otras. A lo largo de la historia y por todo el mundo, muchas personas han podido experimentar la Nube y lo han interpretado de muchas maneras diferentes. Como resultado de esa experiencia, muchos llegan a la conclusión de que hay una realidad sobrenatural que es más real que la que normalmente experimentamos. Llegan a creer que la realidad de tiempo y espacio es una ilusión y que tenemos que transcender o desconocer todo para poder acceder a una realidad 'superior'. Algunos desarrollan técnicas para poder conseguir esta transcendencia. A menudo, estas experiencias y técnicas son terapéuticas (reducen estrés, ayudan a dormir o a concentrarse, nos ayudan a sentirnos conectados), pero no pueden hacernos totalmente reales. Sólo Jesucristo puede hacer eso. Las experiencias sobrenaturales no pueden salvarnos. La Biblia enseña claramente que la realidad incluye tanto lo natural como lo sobrenatural. Como dije antes, la Navidad y la Semana

Santa son inequívocamente acontecimientos físicos. El cuerpo glorificado resurrecto de Jesús fue físico por cuarenta días, durante los cuales tocó, comió, discutió, trabajó, fue creativo y practicó la hospitalidad. A la misma vez, su cuerpo también funcionó en las otras dimensiones, apareciéndose, desapareciendo y teletransportándose. Era real por completo, no tan sólo sobrenatural.

Cuando somos conscientes de la Nube nos damos cuenta de que la Verdad no puede reducirse a hechos, sino que incluye también significado y relaciones. No se puede reducir a las partes naturales o sobrenaturales de la realidad, sino que incluye ambas realidades. Tampoco se puede reducir a lo objetivo o lo subjetivo, sino a ambos. La Verdad de Dios es una Verdad viva y completa.

# 2

## LA NUBE Y LA IGLESIA PRIMITIVA

Muchos de los miembros de la Iglesia primitiva eran griegos. Procedían de una cultura que estaba arraigada en el transcendentalismo de Platón y en el Gnosticismo primitivo, por lo tanto, trajeron consigo esta ideología de forma natural (no espiritual) a la iglesia. Los Apóstoles no aceptaron estas tendencias y la mayoría de las cartas del Nuevo Testamento se dedican a luchar contra las ideas Platónicas y Gnósticas. Encontramos un ejemplo de ello en Colosenses 2:18-19:

*18. Nadie os prive de vuestro premio, afectando humildad y culto a los ángeles, entremetiéndose en lo que no ha visto,*

Moisés y la zarza ardiente, **Mosaico bizantino**

*vanamente hinchado por su propia mente carnal, 19. Y no asiéndose de la Cabeza, en virtud de quien todo el cuerpo, nutriéndose y uniéndose por las coyunturas y ligamentos, crece con el crecimiento que da Dios.*

Vemos otro ejemplo en la Primera epístola de San Juan 4:1-3:

*1. Amados, no creáis a todo espíritu, sino probad los espíritus si son de Dios; porque muchos falsos profetas han salido por el mundo. 2. En esto conoced el Espíritu de Dios: todo espíritu que confiesa que Jesucristo ha venido en carne, es de Dios; 3 y todo espíritu que no confiesa que Jesucristo ha venido en carne, no es de Dios; y este es el espíritu del anticristo, el cual vosotros habéis oído que viene y que ahora ya está en el mundo.*

Estos dos textos intentan combatir un entendimiento y una práctica de espiritualidad que es inherente y no tan sólo transcendental.

El predominio del Platonismo y del Gnosticismo en el primer siglo de la Iglesia es un ejemplo de un problema más general: el mundo es la sal y la luz de la Iglesia. Esta no era la intención original. Jesús dijo en el Sermón del monte en Mateo 5:13-14: 'Vosotros sois la sal de la tierra...vosotros sois la luz del mundo.' Eso es lo que Él dijo. Eso es lo que quería decir. Eso es lo que Él quiere. Sin embargo, no siempre consigue lo que Él quiere en la Iglesia. Por lo contrario, las ideas y los valores de diferentes culturas del mundo están constantemente introduciéndose en la Iglesia.

Parece, pues, que los Apóstoles han perdido la batalla, porque el Platonismo, el Gnosticismo y otras ideologías mundanas no han sido desterrados de la Iglesia. Han permanecido en la Iglesia en cada generación, incluyendo la nuestra. La lucha continúa.

# 3

# HADAS, DUENDES, ENANOS, BRUJAS, ETC.

Los relatos de criaturas sobrenaturales en la historia cultural del mundo son tan abundantes, que probablemente estén basados en hechos sobrenaturales. Los niños son particularmente más sensibles a la Nube o punto de encuentro entre lo natural y lo sobrenatural que los adultos. Una razón de ello pudiera ser el hecho de que los niños aún no han 'solidificado' o 'fijado' su modelo de la realidad de espacio-tiempo. No es porque sean inocentes. Si los niños pueden conectar con partes de la realidad a través de la Nube, son también capaces de imaginar criaturas y consecuentemente manipular con lo que dicen a los adultos. Los relatos sobre

'Leyenda del Mar'

encuentros con criaturas sobrenaturales se han distorsionado tanto artística y culturalmente que proporcionan muy poca información útil, tan sólo nos dan una pista. La mayoría de las historias que he oído o leído presentan al ser humano como alguien pasivo al principio. Bien lo sobrenatural se les acerca o ellos se tropiezan con ello. No van buscándolo o intentan entenderlo. No deberíamos ir de caza de hadas ni de brujas.

Hay muchas personas que tienen un fuerte interés en contactar con los muertos en lo sobrenatural. Es una mala idea y la Biblia lo prohíbe. El que una persona esté muerta no significa que sea más sabia, más simpática o más honesta que lo era antes. La pitonisa de Endor poseía la capacidad de contactar con los muertos, pero ella y el resto de la gente sabían que no se debía hacer. No debemos acercarnos a lo sobrenatural para adquirir poder o sabiduría. Lo sobrenatural contiene tanto lo bueno como lo malo. Es por ello por lo que el Padrenuestro contiene la frase 'líbranos del mal'. Debemos probar los espíritus para comprobar si saben que Jesucristo ha venido en la carne y no creernos algo ingenuamente porque es sobrenatural.

No sólo los cuentos populares tienen su origen en encuentros con la Nube, sino también las religiones. Una religión es una forma de reconexión con una realidad desconectada- o sea, de volver a atar o ligar (procedente del latín 'religare'). Las religiones tienen su origen en los sistemas que construyen las personas para reconectar cuando viven experiencias sobrenaturales. El Cristianismo no es una religión, sino todo lo contrario. El Cristianismo no surgió cuando unas personas descubrieron otros aspectos de la realidad y construyeron un sistema para acomodar esas creencias, sacando provecho de ellas, como ocurrió en la Torre de Babel (Genesis 11). El Cristianismo consiste en el acercamiento del mismísimo Creador al mundo creado, y Él nos ha dado la realidad completa que necesitamos a través de la Gracia de la crucifixión y resurrección de Jesucristo. Los principios básicos de la verdad cristiana se han utilizado en diferentes expresiones y sistemas religiosos que compiten mutuamente. La verdad salvadora del cristianismo puede ser recibida por cualquiera que se da cuenta de su necesidad de Dios y sabe que Él puede darle lo que necesita para su vida y para su realidad a través del sacrificio de Jesucristo. La Biblia es fundamental para poder aplicar, establecer en la historia y dar los detalles necesarios a esta Verdad básica. Debería ser estudiada y atesorada por aquellos que la tienen al alcance.

Algunos grandes escritores ateos de ciencia ficción, como Stanislaw Lem, Phillip Pullman o Iain M. Banks, son conscientes de la Nube y pueden llegar a ser increíblemente proféticos acerca del rol de la tecnología en nuestro mundo. Sus libros son a menudo brillantes e interesantes, aunque suelen ser una parodia y una distorsión de la realidad de la Nube. Los cristianos no deberían inquietarse por estos libros, sino que deberían leerlos para conocer el mundo cultural, intelectual y artístico que nos rodea. No deberíamos temer el amar a nuestro prójimo de esta manera. El amor requiere que nos interesemos por lo que estos escritores y sus lectores piensan.

# 4

## ADVERTENCIAS

La Nube puede ser peligrosa en ocasiones. Elementos de rebelión o destrucción en lo sobrenatural pueden presentar revelaciones falsas o tentaciones a las personas. Quizás deberíamos denominar estas experiencias 'falsas nubes'. Las experiencias genuinas proceden de Dios. Deberíamos estar alertos y examinar nuestras experiencias de lo sobrenatural, no tan sólo limitarnos a exclamar '¡Vaya!' o '¡Increíble!'. Tanto las experiencias genuinas como las falsas de la Nube pueden ser tergiversadas por agendas, temores y egos personales. Hay gente que tiene experiencias personales e individuales sobre la Nube que no se pueden compartir. La Biblia es la experiencia de la Nube más

'El hombre universal', del Libro de Obras divinas de Hildegard von Bingen (1165)

completa que tenemos a nuestra disposición. Puede ser compartida, aunque hay ciertas interpretaciones sobre el texto que no pueden o no deben ser compartidas. La Biblia nos proporciona una herramienta para evaluar las experiencias de la Nube y la vida en general. La Nube es la puerta, interjección o canal para las visiones, los sueños, las profecías, la inspiración, las visitas angélicas, curaciones, etc. Todas ellas deben ser puestas a prueba a la luz de la Biblia para comprobar si son genuinas.

Es posible que cierto tipo de drogas, especialmente las alucinógenas, abran parcialmente una experiencia de la Nube distorsionada. En los años 60, gente sincera y valiente creían que las drogas abrían el camino hacia una vida más llena y más real. Algunos murieron en esta búsqueda. Esa esperanza pronto se deshizo con el uso de las drogas recreacionales. Es probable que músicos de talento, cineastas, poetas, pintores, novelistas, cantantes, narradores de cuentos y otros artistas sean más conscientes de la Nube que una persona normal de la calle. Su expresividad y trabajo no siempre se puede entender con la lógica que normalmente usamos para la parte de la realidad espacio-tiempo. Ellos tienen el poder de ensanchar nuestra conciencia para ayudarnos a darnos cuenta de que la realidad es mayor de lo que nos pensábamos. Nos ayudan a vivir relaciones que no son posibles a través de la lógica. Estas personas son tan importantes para la vida y la cultura humana como lo son los científicos y los artesanos. Sin embargo, todos estos 'artistas' son pecadores y no podemos fiarnos de que nos vayan a ayudar a crecer saludablemente. Todas sus obras necesitan ser comprobadas.

Isaías 44:22 dice 'Yo deshice como nube tus rebeliones, y como niebla tus pecados; vuélvete a mí, porque yo te redimí.' Este texto bíblico, entre otros, nos muestra que podemos crear nuestra propia nube falsa, lo cual es un pecado. La nube que nosotros creamos no abre ninguna puerta ni configura la realidad. Nos separa y nos encierra en nosotros mismos. Si nos identificamos con la nube que hemos creado para nosotros mismos, seremos esparcidos como humo en el viento. Este versículo en Isaías es particularmente esperanzador. Nos muestra que, si nos humillamos, reconociendo nuestra necesidad de Dios y de volver a Él a través del gran constructor de puentes (Pontifex Maximus), Jesús, nuestra falsa nube se disipa, pero nosotros permanecemos. Estamos seguros y arraigados en la realidad de Dios.

# 5

## EL PADRENUESTRO Y LA NUBE

La oración de Jesús, su plan y su proyecto, son que la experiencia de la Nube sea universal y permanente. Él quiere que estemos con Él en esa realidad y por eso nos ha dado Su Oración. La Oración comienza con 'Padre nuestro que estás en los cielos'. El cielo es la parte sobrenatural de la realidad, no un lugar lejano. El cielo está aquí mismo, aunque normalmente no nos damos cuenta de ello.

Luego llega la primera petición: 'Santificado sea tu nombre' o 'que tu nombre sea conocido como Santo' (como en el cielo, así también en la tierra). 'Santo' significa 'separado' en griego. Dios está separado de todo lo que es falso, rebelde o temporal. Él es original, verdadero y eterno. 'Separado'

*San Juan ante Dios Padre y los veinticuatro ancianos,* **Albrecht Dürer** (1471-1528) no significa 'parcial o incompleto'. 'Santo' significa 'Completamente Real'.

La siguiente petición es tan importante que se repite. 'Venga tu Reino' y 'Hágase tu voluntad' significan la misma cosa. Se han sugerido varias descripciones acerca de lo que es el 'Reino'. Algunos piensan que es la Iglesia. Otros creen que se trata de un lugar lejano. Jesús dijo varias cosas sobre el Reino: dijo que está viniendo, que está cerca, que está aquí. Dijo que está entre nosotros (en nuestras relaciones) y dentro de nosotros. Ni la Iglesia ni ningún otro lugar lejano pueden ser descritos en estos términos. El Reino de Dios es la Voluntad o Gobierno de Dios. Jesús quiere que pidamos que el Reino venga aquí, permanentemente. No nos dice que pidamos ser transportados a otro lugar para estar con Dios.
Jesús vino, murió, resucito, ascendió y

volverá a aparecer de nuevo para unir las partes naturales y las sobrenaturales de la realidad. Él es el gran sanador y constructor de puentes.

La segunda parte de la oración (sobre la comida, el perdón y la protección), se ha de entender dentro del contexto de la primera parte, que sienta las bases para estas cosas.

# 6

## ORACION Y MEDITACION

Hemos dicho que la oración es una forma activa que permite a las personas participar en la conexión con la Nube. Los términos 'oración' y 'meditación' son usados a menudo de distintas formas. Ambos son partes importantes de la vida cristiana espiritual y no debemos confundirlos con las formas no Bíblicas en las que son usados. Quizás deberíamos empezar diciendo que la oración no debe ser reducida a la meditación, la contemplación, el pensamiento, la imaginación, los sentimientos, las acciones o el trabajo, el silencio, la comunión con la naturaleza, las experiencias extáticas o transcendentales, aunque incluye algunas de estas experiencias. Tampoco es la oración la unión con

*Ascenso de los benditos*, **Hieronymus Bosch** (1450-1516)

el 'TODO', lo ritual o lo mágico. La oración
no puede hacerse o entenderse científicamente (matemáticamente). La oración no
es algo natural en el sentido que no está
limitada a las partes de tiempo y espacio
de la realidad, ni puede ser reducida a un
instinto evolutivo de supervivencia o de
pasar nuestros genes. Dios nos lo da como
parte de nuestra vida espiritual completa.
La oración es personal porque es la comunicación entre una persona y otra Persona. (Personal no significa ser consciente
de nosotros mismos. Personal significa el
ser conscientes de nosotros mismos en
relación con otra consciencia personal.)
La oración es lenguaje -directo, definitivo
y comprometido. Si leemos algunas de las
oraciones escritas en la Biblia (por ejemplo,
Primer Libro de Reyes 8, Colosenses 1:9-12,
Efesios 1:15-29, Filipenses 1:9-11), veremos
cómo las personas se dirigen a Dios en

su lenguaje cotidiano, acerca de su existencia en el tiempo y el espacio y acerca de lo sobrenatural y lo eterno- la realidad completa en la que vivimos nuestra vida espiritual. Dios nos habla a través de Su Palabra (y a través de Su creación). Podemos hablar con Él sobre Su Palabra y cómo la aplicamos a nuestra vida usando nuestras palabras. Debemos ser valientes para orar y comunicarnos con Dios, confesando nuestra falta de constancia y de hacer de la oración el centro de nuestra vida. Podemos estar firmemente centrados en Dios y en Su realidad si en vez de enfocarnos en nosotros mismos nos adentramos en la relación comunicativa de la oración.

La meditación tiene dos significados: uno bíblico y otro no bíblico. En los Salmos 49, 5, 19, 119, etc., la palabra hebrea para 'meditación' significa 'murmurar, tener un tono grave, suspirar o quejarse'. Nos recuerda a Romanos 8:22-27, donde se dice que la creación 'gime' y el Espíritu 'gime' por nosotros. La meditación bíblica no es una vaga experiencia transcendental o un estado consciente. La palabra aparece mayormente en el Salmo 119, el cual es uno de los Salmos más organizados de la Biblia. La estructura nos indica que la meditación no es algo caótico ni llevado por la corriente. La meditación no está desconectada de la razón ni de nuestros pensamientos sobre la realidad cotidiana. La meditación bíblica no es un proceso de desconocimiento, sino de conocer la realidad más enteramente.

La meditación bíblica se refiere al carácter de Dios o de Sus acciones. El pensamiento es una actividad mental que ocurre en línea recta. Cuando pensamos, nuestra mente intenta llegar a una conclusión siguiendo una dirección lineal. Cuando meditamos, es como si tomáramos cierta información acerca de Dios (de la Biblia o de acuerdo con la Biblia) y la depositáramos en la mente, como en una red, para que el Espíritu Santo nos pueda mostrar los lugares escondidos donde toca e influencia nuestra vida. Puede que leamos algo sobre Dios en la Biblia y, de cierta manera, lo guardemos en la mente; o puede que conectemos una experiencia con algo en la Biblia acerca de Dios, y que de cierta manera retengamos en la mente. Entonces podremos pensar y orar sobre lo que Él nos muestre. La meditación es más pasiva que el pensar o el orar; se trata más bien de dejar que Dios nos hable, mientras que cuando oramos somos nosotros los que hablamos a Dios. El pensamiento y la meditación funcionan juntos de una manera similar a la de la inteligencia emocional y la racional. No deberían competir entre ellas. No deberíamos tener que elegir entre ellas. La vida es algo parecido. Dios creó cosas opuestas que van juntas, como las dos caras de una moneda: la objetividad y la subjetividad, el cerebro izquierdo y el derecho, la unidad y la diversidad, la predestinación y el libre albedrío, la misericordia y la justicia, la forma y la libertad, la onda y la partícula, el marido y la mujer, y muchas más cosas. El diablo y nuestra naturaleza pecaminosa nos tientan continuamente a escoger entre un lado u otro de la moneda. Hay personas para las que la meditación es algo natural, mientras que otras prefieren la oración. Dios quiere que tengamos ambas cosas.

Desde el punto de vista oriental o de la New Age, la meditación requiere que dejemos de pensar y mantengamos la mente completamente inmóvil, elevándonos de esa manera a un estado de consciencia superior. Esto es algo muy difícil de conseguir y a veces nos lleva a un contacto con la Nube y lo sobrenatural. Puede tener efectos terapéuticos que nos den placer. Sin embargo, como no estamos pensando, no podemos 'probar los espíritus', según nos recomienda el apóstol Juan en Primera de Juan 4:1-3, ni podemos 'examinarlo todo', tal como nos invita a hacer Pablo en Primera de Tesalonicenses 5:21. Este tipo de meditación no es tan segura. De hecho, desobedece al propósito de Dios porque fragmentamos la forma en la que fuimos diseñados para relacionarnos con Él, eligiendo una sobre la otra. Dios es racional (y más que racional) y nos creó a Su imagen para ser racionales. Cuando nos acercamos a Él, no debemos dejar o abandonar nada, excepto nuestro pecado. Dios envió a Jesús para salvarnos completamente- nuestros cuerpos, nuestras mentes, nuestros espíritus, nuestros trabajos y nuestras imaginaciones creativas. Debemos presentar todas estas partes delante de Él según vamos creciendo en nuestra vida espiritual.

Debemos meditar en las cosas profundas del Señor y deberíamos pensar y orar antes y después de meditar. De esa manera evitaremos fragmentarnos y tendremos una relación más completa y segura con Él.

# 7

## UN SÓLO OJO

Mateo 6:19-24:

*19 No os hagáis tesoros en la tierra, donde la polilla y el orín corrompen, y donde ladrones minan y hurtan; 20 sino haceos tesoros en el cielo, donde ni la polilla ni el orín corrompen, y donde ladrones no minan ni hurtan. 21 Porque donde esté vuestro tesoro allí estará también vuestro corazón. 22 La lámpara del cuerpo es el ojo; así que, si tu ojo es bueno, todo tu cuerpo estará lleno de luz; 23 pero si tu ojo es malo, todo tu cuerpo estará en tinieblas. Así que, si la luz que en ti hay es tinieblas, ¿Cuántas no serán las mismas tinieblas? 24 Ninguno puede servir a dos señores; porque o aborrecerá al uno y*

Conversión de Pablo, **Caravaggio** (1471-1528)

*amará al otro, o estimará al uno y menospreciará al otro. No podéis servir a Dios y a las riquezas'.*

Aquí tenemos una sección del Sermón del Monte de Jesús en tres párrafos. El primer y el tercer párrafo hablan del contraste y conflicto entre el cielo y la tierra, Dios y el dinero. El párrafo del medio da la solución a este problema. En la mayoría de las traducciones modernas, el 'ojo' en el versículo 22 se describe como 'bueno', 'sano', 'pleno' y el 'ojo' del versículo 23 como 'maligno', 'enfermizo' o 'defectuoso'. Pero las palabras originales del griego son 'solo' en el versículo 22 y 'maligno' en el versículo 23. Nosotros vemos la realidad como algo dividido, cuyas partes compiten y por eso vivimos en conflicto entre servir a Dios o al dinero, o entre invertir en el cielo o en la tierra. La experiencia y la revelación de la Nube nos permiten tener una visión de la realidad única, sostenida por Dios. Una visión dividida es maligna porque Dios no tiene la intención de dividir la realidad.

El tener un solo ojo está ligado a un solo corazón. El ojo es nuestra visión de la realidad, y el corazón es nuestra actitud hacia esa realidad. Cuando el ojo y el corazón son uno solo, somos íntegros y sanos. Que Dios abra los ojos de nuestro corazón para ver su plan original y su sanidad salvadora.

# 8

## SELECCION DE ACONTECIMIENTOS BIBLICOS DE LA NUBE

### EL ARCO IRIS DE NOE

En el relato del arco iris en la historia de Noé en Génesis 9, la Nube se menciona cuatro veces. La lluvia no se menciona. Había habido demasiada lluvia recientemente. La palabra 'arco iris' en hebreo es la misma que 'arco de batalla'. El arco de batalla de Dios no es un fenómeno natural, de la misma forma que la mano de Dios no es un fenómeno natural. Esto nos muestra que el arco iris de Noé fue, no sólo un fenómeno natural, sino también una manifestación del punto de encuentro, Nube o puente entre el cielo y la tierra, entre las partes naturales y las sobrenaturales de

Navidad, **Giotto die Bondone** (1267-1337)

la realidad. El arco iris es una señal y un recordatorio de la presencia de Dios, Su poder para crear la realidad y Su promesa de sostener esa realidad. Nunca más podrá el mal traer una destrucción tal como fue el diluvio universal. Se puede percibir el origen de este arco iris en Apocalipsis 4:3, refiriéndose a Jesús: 'Y el aspecto del que estaba sentado era semejante a piedra de jaspe y de cornalina; y había alrededor del trono un arco iris, semejante en aspecto a la esmeralda.'

## EL TABERNACULO

La construcción del tabernáculo en el desierto se hizo con gran atención al detalle (Éxodo 24-31), porque iba a ser el lugar específico de la presencia continua de la gloria Shekhiná o Nube Gloriosa. Sólo el sumo sacerdote podía entrar en la presencia de la gloria Shekhiná con la sangre del sacrificio. Más tarde, Jesús, el sumo sacerdote eterno, entró en la dimensión celestial con Su Propia Sangre, y la cortina que separaba la gloria Shekhiná de toda la gente se rasgó de arriba abajo. Ahora podemos entrar en la eternidad y en la presencia de Dios Padre a través de la cortina del cuerpo de Jesús, el cual fue roto para darnos acceso al Padre.

## PENTECOSTES

Pentecostés es otro acontecimiento en el cual la presencia de Dios atraviesa el espacio y el tiempo. El fuego y el viento son típicos de la Nube (sin humo ni trueno esta vez). Pentecostés es un acontecimiento único y permanente de la presencia de Dios con Su pueblo a través del Espíritu Santo. Encontramos un suceso similar en Números 11:24-25. 'Y salió Moisés y dijo al pueblo las palabras de Jehová; y reunió a los setenta varones de los ancianos del pueblo, y los hizo estar alrededor del tabernáculo. Entonces Jehová descendió en la Nube, y le habló; y tomó del Espíritu que estaba en Él, y lo puso en los setenta varones ancianos; y cuando posó sobre ellos el Espíritu, profetizaron, pero no volvieron a hacerlo'. En este pasaje, 'descendió' no significa que bajó físicamente, sino que pasó de las dimensiones sobrenaturales a las naturales. Ambas dimensiones coexisten y ocupan el mismo espacio.

## APOCALIPSIS

En Apocalipsis observamos este movimiento en ambas direcciones: 'He aquí que viene con las nubes, y todo ojo le verá' (1:7) y 'Sube acá, y yo te mostraré las cosas que sucederán después de éstas' (4:1). Vemos varios elementos de la Nube en la siguiente visión en Apocalipsis 10:1-2:

*'Vi descender del cielo a otro ángel fuerte, envuelto en una nube, con el arco iris sobre su cabeza; y su rostro era como el sol, y sus pies como columnas de fuego'.*

## LA CARROZA DE EZEQUIEL

Ezequiel (1:4) relata su experiencia de la Nube de esta manera: 'Y miré, y he aquí venía del norte un viento tempestuoso, y una gran nube, con un fuego envolvente, y alrededor de él un resplandor, y en medio del fuego algo que parecía como bronce refulgente'. Entonces vio en la nube la carroza con ruedas entrelazadas, rodando sin rodar. Estos giroscopios o barras estabilizadoras nos muestran la estabilidad dinámica de Dios, que nunca cambia pero que siempre es nueva.

## LA ZARZA ARDIENTE

Moisés tuvo una experiencia con la Nube en forma de fuego (Éxodo 3). El fuego estaba en una zarza, pero ésta no se quemaba. El fuego que vio Moisés no era un fuego oxidante, sino la Gloria Shekhiná del Santo. Una voz salió de la Nube, porque la Nube es un factor facilitador de varios tipos de comunicación.

## EL CARRO DE ELIAS

Eliseo (en el Segundo Libro de los Reyes) vio un 'carro ardiente' cuando su maestro Elías fue arrebatado a las dimensiones sobrenaturales en la Nube. Cuando la armada Aramea rodeó a Eliseo, él podía ver las dimensiones de la Nube, pero su sirviente no podía verlas. Eliseo pidió a Dios que abriera los ojos de su sirviente. Entonces su sirviente vio 'los montes llenos de caballos y carros de fuego alrededor de Eliseo'.

## EL CAMINO A DAMASCO

El apóstol Pablo (en Hechos 9) tuvo una experiencia de la Nube en el camino a Damasco. Vio una luz resplandeciente y oyó una voz. La experiencia le dejó ciego por un tiempo.

## LA TRANSFIGURACION

La transfiguración de Jesús que se relata en el evangelio de Mateo, capítulo 17, es un ejemplo claro y drástico de la Nube. Pedro, Jacobo y Juan vieron cómo Jesús se transfiguró con una luz intensa. En la Nube, Jesús estaba con Moisés, que había muerto en el Antiguo Testamento y Elías, que no había muerto, del Antiguo Testamento. Los discípulos los vieron hablando sobre el único tema que vale la pena discutir- la muerte de Jesús que traería victoria y vida al mundo entero. Moisés y Elías habían sido salvos al creer en la muerte redentora de Jesús cuando aún no había ocurrido en la historia del espacio-tiempo. La Cruz es el centro de la historia. Las personas son salvas cuando la miran hacia el futuro desde el pasado en la historia y creen en las promesas de Dios o cuando la miran hacia el pasado y creen en las promesas de Dios.

## LA ESCALERA DE JACOB

El sueño de Jacob en el que había una escalera por la que subían y bajaban los ángeles o mensajeros de Dios (Génesis 28) nos muestra que la Nube es una vía de doble sentido. Jacob había parado en aquel lugar porque se había puesto el sol. Fue una elección al azar, sin embargo, el lugar llegó a ser un sitio especial por la experiencia que vivió allí.

Hay muchos ejemplos como éste en la Biblia. Al usar estos principios y ejemplos podrás entender mejor los otros con los que te encuentres.

## LA ESTRELLA DE BELEN

Si conectamos la Nube con la Estrella de Belén, podremos aclarar cierta confusión y apoyar la fe de algunos cristianos. Los Magos de Persia dijeron a Herodes que habían visto Su estrella en el Este. La estrella no estaba en el Este. Eran los magos los que estaban en el Este. Las personas han denominado a la Nube como 'luz', 'fuego', 'oscuridad', 'carro', 'carroza'. Los Magos eran zoroástricos y astrónomos. Si se toparan con la Nube, la llamarían 'estrella' con toda naturalidad. A veces de la Nube surge una voz que transmite información. Esto es lo que podía haber pasado a los Magos. La Nube pudo haberse 'parado sobre el lugar donde yacía el niño',

mientras que es difícil entender que una estrella hiciera eso.

Hay muchos que han sido confundidos y han visto su fe desafiada al no poder entender la historia de la estrella de Belén. Si los Magos estaban viviendo una experiencia de la Nube de la Gloria de Dios, esto daría una explicación mucho más razonable. Se han desarrollado varias tablas y gráficos de cálculos sobre una super nova y conjunciones planetarias que están fechadas alrededor del nacimiento de Jesús. Puede que estos cálculos sean correctos, pero presentan dos problemas: el fenómeno descrito no puede haberse 'detenido sobre donde estaba el niño' y las explicaciones son totalmente naturalistas. La explicación de la Nube incluye el milagro. San Juan Crisóstomo añadió otro elemento a esta discusión en el siglo IV en su sexta homilía sobre Mateo:

*El sueño de Jacob, Abilene, Texas.* **Jack Maxwell**

*'...esta no era una estrella común, o, más bien, una estrella, según me parece a mí, sino un poder invisible transformado en esta aparición, yendo a la cabecera claramente evidente en su ruta. Pues no hay, no hay ni una estrella que viaje de esta manera, pues tanto si mencionas el sol, o la luna, o cualquier otra estrella, todas ellas van del este al oeste; pero ésta fue buscada del norte al sur; pues así es como Palestina está situada con respecto a Persia...'.*

A continuación, presento el texto del relato de la Estrella en el evangelio de San Mateo. Léelo sustituyendo la palabra 'Estrella' por 'Nube' y comprueba si tiene sentido. Mateo 2:1-10:

*'Cuando Jesús nació en Belén de Judea en días del rey Herodes, vinieron del oriente a Jerusalén unos magos, diciendo: ¿Dónde*

*está el rey de los judíos, que ha nacido?
Porque su estrella (Nube) hemos visto en
el oriente, y venimos a adorarle. Oyendo
esto, el rey Herodes se turbó, y toda
Jerusalén con él. Y convocados todos los
principales sacerdotes, y los escribas del
pueblo, les preguntó dónde había de nacer
el Cristo. Ellos le dijeron: En Belén de
Judea; porque así está escrito por el profeta: 'Y tú, Belén, de la tierra de Judá, no
eres la más pequeña entre los príncipes de
Judá; porque de ti saldrá un guiador, que
apacentará a mi pueblo Israel'. Entonces
Herodes, llamando en secreto a los magos,
indagó de ellos diligentemente el tiempo
de la aparición de la Estrella (Nube);
y enviándolos a Belén, dijo: 'Id allá y
averiguad con diligencia acerca del niño;
y cuando le halléis, hacédmelo saber, para
que yo también vaya y le adore'. Ellos,
habiendo oído al rey, se fueron; y he aquí*

*la Estrella (Nube) que habían visto en el oriente iba delante de ellos, hasta que, llegando, se detuvo sobre donde estaba el niño. Y al ver la Estrella (Nube), se regocijaron con muy grande gozo'.*

## JOSUÉ Y EL SOL

El capítulo 10 del libro de Josué relata la historia del día en el que sol no se movió de su lugar. Este suceso hace dudar a muchas personas acerca de la veracidad de la Biblia, tanto si son cristianos como no. ¿Cómo debemos entender este episodio? El sol siempre permanece en el mismo sitio mientras la tierra gira a su alrededor. Si la tierra dejara de girar, el sol quedaría puesto en el mismo sitio. Y a la vez, todos nos caeríamos del mundo y moriríamos. Cuando consideramos la Nube de la Gloria de Dios, que apareció como luz, como oscuridad, como fuego, como estrella, etc., hallamos una posible solución: la Nube podría estar planeando sobre la tierra, ocultando de esa manera al sol y luego podría ser quitada 24 horas más tarde, mostrando el sol en el mismo lugar en el que se vio por última vez. Aquellos que presenciaron la Nube la describieron de diversas formas, más grande o más pequeña. ¿Por qué no describirla como el sol? Si es esto lo que pasó, podría haber sido localizado sobre Canaán. El resto del planeta habría tenido una noche normal.

## DOS ACONTECIMIENTOS DE LA NUBE QUE SE SUELEN MALENTENDER

La ascensión y la segunda venida de Jesús son dos hechos importantes de la Nube que suelen normalmente malentenderse. Hechos 1:9 describe la ascensión de la siguiente manera:

*'Y habiendo dicho estas cosas, viéndolo ellos, fue alzado, y le recibió una Nube que le ocultó de sus ojos.'*

No se trata de una nube de vapor de agua, sino de la Nube Shekhiná de la Gloria de Dios o, como también puede llamarse, la Nube del punto de encuentro. Jesús fue transportado a las dimensiones sobrenaturales de la realidad para que no pudiese ser visto ni oído en las dimensiones naturales. Anteriormente, Jesús había dicho dos cosas que parecían contradictorias pero que la Nube nos ayuda a entender. Dijo 'me voy a ir' y 'yo estoy siempre con vosotros'. Entendemos que Jesús no está en otro lugar. Está aquí, pero en otras dimensiones.

Muchos de los primeros cristianos creían que Jesús retornaría victorioso durante sus vidas para establecer su Reino. Los

cristianos en Tesalónica estaban confusos
y tristes cuando algunos de ellos murieron y Jesús no había vuelto aún. Por ello,
Pablo les escribió para asegurarles en la
Primera Epístola a los Tesalonicenses,
capítulo 4, versículos 13-18:

*13. Tampoco queremos, hermanos, que
ignoréis acerca de los que duermen, para
que no os entristezcáis como los otros que
no tienen esperanza. 14. Porque si creemos que Jesús murió y resucitó, así también traerá Dios con Jesús a los que durmieron en El. 15. Por lo cual os decimos
esto en palabra del Señor: que nosotros
que vivimos, que habremos quedado hasta
la venida del Señor, no precederemos a los
que durmieron. 16. Porque el Señor mismo
con voz de mando, con voz de arcángel,
y con trompeta de Dios, descenderá del
cielo; y los muertos en Cristo resucitarán*

> *primero. 17. Luego nosotros los que vivimos, los que hayamos quedado, seremos arrebatados juntamente con ellos en las nubes para recibir al Señor en el aire, y así estaremos siempre con el Señor. 18. Por tanto, alentaos los unos a los otros con estas palabras'.*

Aquí también, las 'nubes' de las que se habla no son vapor de agua sino la Gloria Shekhiná de Dios o punto de encuentro. Una de las ideas que recurren en los escritos de Pablo es que Jesús es Rey o Señor y el César no lo es. Cuando el César visitaba una ciudad, los ancianos salían a 'encontrarse' con él y a acompañarle a la ciudad. Cuando Pablo llegó a Italia desde Malta y viajaba a Roma en el norte, tal y como leemos en el Libro de Hechos 28:15, 'Luego fuimos a Roma, de donde, oyendo de nosotros los hermanos, salieron a 'recibirnos' hasta el Foro de Apio y las Tres Tabernas'. No salieron a encontrarse con Pablo para volver a Malta con él, sino para acompañarle a Roma. Por ello, cuando nosotros (vivos o muertos) nos 'encontremos' con Jesús en la Nube, no será para ir con él a otro lugar, sino para recibirle en la tierra, a donde viene.

# 10

## CONCLUSION

La mayoría de la gente a través de la historia, incluyendo el presente, han creído en una realidad sobrenatural que no puede ser medida o entendida utilizando las herramientas que tenemos para medir la realidad espacio-tiempo. Se han utilizado muchas formas y sistemas para entender esta otra parte de la realidad, como la magia, la religión, la filosofía. Algunos de estos han creado mucha confusión y sufrimiento. La Biblia es la mejor descripción para entender lo sobrenatural y cómo se relaciona con lo natural. Tanto las partes naturales como las sobrenaturales de la realidad fueron diseñadas por Dios para que funcionaran juntas como un todo. Debido a nuestra rebelión, distorsión y orgullo, las distintas partes de la realidad se han separado, dando lugar a la muerte y el sufrimiento. Esto entristece y enfada a Dios, pero no le frustra ni le vence. Ha conseguido restaurar la realidad a lo que fue su perfecta intención para ella. La manera en la que ha conseguido restaurar y sanar la realidad es a través de Jesús. A través del poder de humildad y sacrificio que creó el mundo, Él ha destruido con victoria la muerte y derrotado el poder de las tinieblas, de la muerte y de la separación. La victoria es segura y la realidad se encamina de manera segura hacia la completa restauración.

La realidad final y permanente de los nuevos cielos y la nueva tierra no se pueden comprender perfectamente por adelantado. En la primera carta a los Corintios, capítulo 2, versículos 9-10, Pablo escribe:

*'9. Cosas que ojo no vio, ni oído oyó, ni han subido en corazón de hombre, son las que Dios ha preparado para los que le aman. 10. Pero Dios nos las reveló a nosotros por el Espíritu'.*

Este pasaje nos dice que lo que sabemos acerca del nuevo cielo y la nueva tierra no se puede expresar completamente de una manera científica, racional o filosófica. Creemos esto de la misma forma en la que creemos muchas otras cosas, por fe y por vista que se complementan.

Todos sufrimos alineación y muerte dentro de nosotros mismos y en nuestras relaciones con otras personas, con la naturaleza y con Dios. El poder del sacrificio de Jesús en la crucifixión, el cual está sanando la realidad total, tiene poder para sanar y restaurar a esos individuos que eligen poner su confianza en El. Considera seriamente la posibilidad de que esto sea cierto. Los poderes malignos de alineación nos dicen que podemos tener o la parte natural o la sobrenatural de la realidad. Esto es una mentira terrible, porque Jesús murió para que podamos tener ambas partes. Muchas personas piensan que si detectan la Nube tienen que abandonar todas sus actividades y preocupaciones naturales y deben vivir una vida transcendental en vez de una vida inmanente. Nos encontramos con un problema fatídico si nos identificamos tan sólo en función a la realidad natural, sin embargo, la identificación en términos tan sólo sobrenaturales es igualmente mortífero.

Podemos incorporar el conocimiento y la experiencia de lo sobrenatural sin tener que abandonar el conocimiento y la experiencia de lo natural. Cuando tenemos estas dos partes de la realidad juntas es como tener ambos lados de la moneda, o como tener una sola visión y actitud hacia la realidad. La Nube Bíblica es la Nube del conocimiento completo, no la Nube del desconocimiento. La Biblia nos enseña que la vida real es tanto transcendente como inmanente- una vida completa en una realidad completa, provista y sostenida por Jesús. Acércate a Jesús y recibe la vida.

Las tres cruces, **Rembrandt van Rijn** (1606-1669)

## UN POEMA

Cuando se presentó el material de este libro en forma de conferencia en el centro de L'Abri en Huemoz, Suiza, Anna Friedrich, que es parte del equipo de L'Abri, respondió con un poema. Se incluye en este libro porque a veces las imágenes y los ritmos de un poema ayudan al lector a entender de una forma en la que la prosa no puede.

## LA MATRIZ DEL TE ES EL AGUA

*Por Anna A. Friedrich*

Mi cara
Se acerca
A la tuya-
Quiero decir
Que veo
La zarza y la llama, descalza
Veo
Columnas y cuencos
Que arden, también, y se mueven,
Como si vivieran.
Veo
Una mano que escribe
En paredes para predecir-
Un resplandor de luz me tira del caballo,
Oigo voces
(¿o truenos?)
Te veo

Avanzando, mostrando
Agujas de verdad
En estos pajares humeantes, pero
Tan sólo puedo nombrar el brillo,
La niebla,
La carroza,
Una lengua, ¿sobre cabezas?

A tientas y cubierta, te ofrezco
Una carpa
Para hacerte permanente-
Pero tú, como paloma, asciendes
Radiante
Y todo lo que puedo decir es
*Arriba* y *nubes.*

# 36 PREGUNTAS

Al igual que en los libros '3 Teorías de Todo' y '¿Cómo sabes eso?', las siguientes preguntas no han sido hechas por el autor, sino por personas que han leído el borrador y por otras que han asistido a charlas sobre el tema. Las preguntas son de estilo y contenido diferentes y se han reproducido literalmente. Unas son verbales, otras escritas. Se incluyen aquí en parte para estimular al lector, para fomentar sus propias preguntas y para participar con esperanza en el contenido del libro y de la vida en un sentido más amplio.

- **¿Es posible estar abierto a la Nube? Si lo es, ¿cómo?**

— Sí. La Biblia nos da instrucciones acerca de esto. Nos dice que oremos sin cesar, que pongamos nuestros ojos en Jesús y que consideremos las Escrituras como una luz en un lugar oscuro. Esto no es hacer magia- no fuerza a Dios a hacer cosas para nosotros y no es un proceso de causa y efecto. Nos da una perspectiva amplia y eterna para nuestras vidas diarias, lo cual es algo realista. También nos hace ser conscientes de Dios y de sus bendiciones, consuelo, fortaleza y guía que tenemos disponibles en El.

- **Algunos cristianos consideran el hablar en lenguas algo vergonzoso para la Iglesia contemporánea, pues hoy en día este fenómeno suele reflejar no un don espiritual, sino sandeces provocadas por una emoción intensa, autoengaño o**

**falsedad. ¿Has conocido a alguien que hablara en lenguas que no conocía anteriormente y que luego fueran traducidas por otra persona presente que sí hablase esa lengua?**

— No. Pero eso no significa que no ocurra. Hay personas aparentemente honestas y cuerdas que han vivido esa experiencia y me lo han contado, pero muy pocas.

- **La filosofía de New Age o Nueva Era describe la 'ley de atracción' como una fuerza universal que nos permite atraer a nuestras vidas aquello en lo cual nos enfocamos. ¿Cómo se relaciona la ley de atracción con la Nube?**

— En Filipenses 4:8 Pablo nos dice: 'Por lo demás, hermanos, todo lo que es verdadero, todo lo honesto, todo lo justo, todo lo puro, todo lo amable, todo lo que es de buen nombre; si hay virtud alguna, si algo digno de alabanza, en esto pensad.' También debemos pensar en las cosas negativas para poder evaluarlas y evitarlas. Las cosas en las que Pablo quiere que pensemos son más reales que otras cosas. 'Enfocándonos' en esas cosas nos mantenemos abiertos para recibir aquello que Dios quiere traer a nuestras vidas que es real. Cuando nos enfocamos en otras cosas nos exponemos a que cosas menos reales entren en nuestra vida.

- **¿Cómo se relacionan las coincidencias con la Nube?**

— Hay coincidencias que tienen una explicación, como por ejemplo el encontrarse con alguien por casualidad en el aeropuerto. Otras no tanto, como el sentir un fuerte deseo de llamar a alguien inmediatamente y que esto resulte en prevenir un suicidio. La Nube puede facilitar este tipo de sensibilización, que va más allá del raciocinio, tanto para cristianos como para no cristianos. La lluvia cae sobre justos e injustos.

- **¿Cómo se relaciona la física cuántica con la Nube?**

— No soy ni matemático ni físico, pero hay personas que se sumergen en estos campos y nos cuentan experiencias de belleza que no pueden ser expresadas matemáticamente. Quizás conectan con la Nube de la misma manera en que lo hacen los artistas, los poetas y los músicos.

- **¿Puede el diablo oír nuestros pensamientos?**

— Es posible. Si oye nuestros pensamientos puede tentarnos más eficazmente.

- **¿Cómo se relaciona el leer la mente con la Nube?**

— Hay varios ejemplos en la Biblia en los que

Dios permite que una persona pueda leer los pensamientos de otra, posiblemente a través de la Nube. Es posible que algunas personas sensibles o con talento puedan acceder a los pensamientos de otras a través de la Nube, pero no es una buena idea. No debemos desarrollar técnicas para leer los pensamientos de las personas con intención de beneficiarnos, sino que debemos esperar a que Dios nos muestre esos pensamientos, si es Su voluntad, para Su beneficio.

**• El Salmo 91 dice que Dios 'a sus ángeles mandará acerca de ti, que te guarden en todos tus caminos'. Esto, junto con otros versículos en la Biblia, ¿prueba la existencia de ángeles de la guarda?**
— No hay ningún aspecto de nuestra vida en el cual Dios no se interese. Sus mensajeros o ángeles están siempre interactuando o intentando interactuar con nosotros. A veces

esta interactuación es claramente obvia o incluso física. Debemos estar agradecidos. La religión popular nos cuenta ciertos detalles sobre ángeles de la guarda que no son Bíblicos. En Mateo 18:10, Jesús dijo: 'Mirad que no menospreciéis a uno de estos pequeños; porque os digo que sus ángeles en los cielos ven siempre el rostro de mi Padre que está en los cielos'. 'Ángel' significa 'mensajero'. Los mensajeros de las oraciones de los niños pequeños ven a Dios. Dios nos oye cuando somos pequeños. Es posible que nos oiga desde el vientre de nuestra madre.

- **¿Hay algo en la etimología de la 'religión' que nos muestre que el cristianismo no es una religión?**

– La raíz medieval de la palabra 'religión' es 'obligación, vínculo o reverencia'. La raíz latina es 'atar' como 'tejer un ligamento'. El cristianismo es religioso en nuestra obediencia y reverencia a Dios. Muchas religiones tienen sistemas diferentes de conectar con lo sobrenatural. La base del cristianismo no es un sistema de responder a Dios, sino el hecho de que Dios ha contactado con nosotros. El fundamento del cristianismo es lo que hace Dios, no lo que hacemos nosotros. Es muy fácil perder esta verdad de vista.

- **Has dicho que en el Apocalipsis Jesús vuelve en las nubes, plural. ¿Puedes explicar esto?**

– La Biblia hace referencia a muchas Nubes en plural y a la Nube en singular. Probablemente se refiere a la misma cosa.

- **¿Relacionas tú eso a lo que dijo Jesús acerca de ser la puerta del redil de las ovejas?**

– Jesús es la puerta y el camino. Jesús no es

la Nube, pero la Nube permite que sea eso para nosotros. Por lo tanto, debo decir que sí, que hay una conexión.

- **Has dicho que lo sobrenatural no puede medirse. ¿Es posible que algún día se pueda llegar a medir lo sobrenatural científicamente?**

– Según avanzamos en la historia se van describiendo y midiendo más y más partes de la realidad en cifras. Cuando describimos algo con números lo que hacemos es controlar o producir algo. Me atrevo a decir con seguridad que no creo que se pueda controlar o producir la amistad, el matrimonio o el amor de Dios, entre otras cosas reales, empezando por describirlas numéricamente. Algunas personas hacen la suposición opuesta. Debemos pensar con cuidado a dónde nos van a llevar nuestras presunciones.

- **¿Cómo podemos los cristianos abrirnos a lo desconocido de lo conocido?**

– Si es algo negativo el desconocer lo conocido, podemos abrirnos a esto concentrándonos tan sólo en un lado u otro de la moneda, lo que nos lleva a descuidar el otro lado. Podemos concentrarnos en lo sobrenatural hasta que nos olvidemos de lo natural o viceversa.

- **Has dicho que la realidad es quien Dios es, lo que quiere y lo que hace. ¿Puedes dar un ejemplo de esto?**

– Dios es amor, luz y espíritu. Estos y otros atributos de Dios son reales desde el principio hasta el infinito/eternidad de la realidad. Dios quiere una creación y gente creada a su imagen para ser creativos en ella. Dios sustenta estas cosas desde el momento en que comienzan a existir hasta la eternidad. Dios es el que crea, el que salva la creación y el que renueva la creación. Estas cosas son eternalmente reales. Los detalles dentro de estas categorías son infinitos, por supuesto.

- **¿Es peligroso decir que el mal no es real, es decir, que todo lo que esté en contra de Dios no es real? ¿Qué hacemos con el infierno? ¿Deberíamos tener una visión aniquiladora del infierno?**

— Si creemos que la realidad es Quien Dios es, lo que EL Hace y lo que EL quiere, entonces abrimos la posibilidad de una visión aniquiladora, pero no es concluyente. Las preguntas que se incluyen aquí son: ¿Quiere Dios el mal? Si el mal no es un poder creativo, ¿será sustentado por Dios eternamente? ¿Es el mal menos eterno que Dios en el pasado (el mal tuvo un principio, mientras que Dios no) pero tan eterno como Dios en el futuro? ¿Qué significa la destrucción? ¿Qué significa la muerte?

- **¿Es posible que la Nube nos engañe?**

— La Nube es dada por Dios como un punto de encuentro para la comunicación, la cual no nos engaña. Si nosotros creamos nuestra propia 'nube' con nuestro orgullo o ambición, entonces seremos engañados.

- **Antes estabas criticando a los agnósticos. ¿Crees que la santificación es un proceso de 'gnosis' o conocimiento?**

— Gnosis significa conocer y la santificación implica conocimiento, por supuesto. También es crecimiento, que es más que el ganar información o técnica. Incluye identidad y crecimiento que Dios nos da en Cristo. En la santificación no sólo sabemos más y más, sino que también somos conocidos y dejamos que se nos conozca.

- **Cuando la nube se retira del templo en Isaías, ¿significa eso que el punto de**

**encuentro desaparece?**

— Sí. Debemos estar agradecidos de que ese punto de encuentro existe otra vez, especialmente a través de Jesús.

- **¿Cómo fue al principio, en el jardín de Edén?**

— Probablemente no había necesidad de la Nube porque la gente tenía acceso directo a Dios antes de que pecaran. La Nube de Gloria de Dios siempre ha sido real. Cuando la gente se separó de Dios, la Nube cobró la función nueva de relación y conexión.

- **¿Es la iglesia, como comunidad de los redimidos, la Nube del encuentro ahora?**

— No. La Iglesia funciona a través de la Nube en su relación con Dios en la oración, la alabanza y la intercesión. Tenemos nueva vida y acceso a Dios a través de Cristo tan sólo y vivimos esa vida en comunión los unos con los otros.

### ¿Debe la Iglesia prevenir que las personas entren en la Nube violentamente?

— Suena como si me preguntaras si la Iglesia debería de parar a la gente que quiere entrar en la Nube por fuerza. En nuestras comunidades cristianas deberíamos enseñar y animarnos los unos a los otros a no demandar, reclamar o forzar conexiones con la Nube según nuestra imaginación o agenda- como en el caso de Nadab y Abiú que mencionamos anteriormente (Números 3:4). Debemos fomentar la pobreza de espíritu o conocer nuestra necesidad de Dios y ser receptivos y confiados, pues Él nos da lo que necesitamos.

### ¿Qué ocurre cuando la gente fuerza su entrada en la Nube?

— Lo sobrenatural no sólo es benigno. El que una experiencia sea sobrenatural no significa que sea buena. Es posible forzar contacto con poderes malvados que nos hacen daño. Es mejor limitar nuestra implicación con lo sobrenatural a las oraciones a Dios y como Él quiera actuar en tu vida.

• **Has dicho que es posible desarrollar técnicas para conseguir transcendencia y que ello puede ser terapéutico. ¿Puedes decir algo más sobre esto?**
— Podemos usar una variedad de técnicas, físicas y mentales, para sentirnos mejor. Podemos mejorar nuestra salud a través de la respiración y la postura; podemos aliviar el estrés y controlar la ira a través de la medicación. En general estas cosas no son malas, pero no debemos confundirlas con la salvación y la santidad, las cuales son dones de Dios y no técnicas aprendidas.

- **¿Las experiencias cercanas a la muerte, son una experiencia de la Nube?**

— Es muy difícil, si no imposible, analizar y evaluar estas experiencias, así que no lo sé. No deberíamos esperar aprender algo de estas experiencias que la Biblia no enseñe.

- **¿Están la esquizofrenia y otros problemas mentales relacionados con experiencias de la Nube?**

— Las experiencias genuinas de la Nube proceden de Dios y no son dañinas. Es posible que nos enfermemos al estar obsesionados o al participar con experiencias de 'nubes' falsas.

- **¿Con qué parte de nuestro cuerpo conectamos con la Nube o punto de encuentro? ¿Con el corazón?**

— El corazón no es en realidad una parte,

sino el centro total de nosotros mismos, incluyendo la mente, el cuerpo, la voluntad, la fuerza, la imaginación. Así que, sí, es el corazón.

- **¿Es Jesús el punto de encuentro?**

— Jesús no es el punto de encuentro sino el camino que nos lleva a ese lugar. Jesús es el velo, la puerta por la cual entramos en la Nube y en la relación con Dios.

- **¿No es el Espíritu Santo el punto de encuentro?**

— No, el Espíritu Santo usa el punto de encuentro para relacionarse con nosotros. El Espíritu Santo ha sido enviado y actúa a través de la Nube para bendecir, habitar, inspirar, llenar, guiar y amonestarnos. El Espíritu Santo y Jesús son personas con sus propias voluntades y oficios. No son funciones o un fenómeno que usamos.

- **¿Es la música un camino hacia el punto de encuentro?**

— Creo que me preguntas si la música es una manera de conectar con Dios. La música, bien cuando escuchamos o producimos, puede ser usada para inducir condiciones de trance que son experiencias de pseudo-Nube. Esto va más allá del placer; significaría tomar la iniciativa en el lugar de Dios para poder iniciar una experiencia de la Nube. No es una actitud humilde, sino de orgullo. A veces la música nos hace más conscientes de la naturaleza holística de la realidad, lo cual puede ser una buena terapia. En este caso, el escuchar música o el hacer música no es un intento activo para abrir una puerta de comunicación con lo sobrenatural, sino el ser conscientes de la Realidad de una forma más pasiva. Junto con la música, la gente puede usar drogas y otro tipo de artes para producir sensaciones y experiencias para sí

mismos que se confunde con experiencias de
la Nube. Debemos tener cuidado con estas
cosas y no seguir tan sólo aquello que nos
hace sentir bien.

- **¿Hay lugares geográficos (o comunidades de personas) que son más propensas a tener experiencias de la Nube?**

— Parece que sí existen energías eléctricas,
magnéticas o de otra clase que se cruzan en
la tierra y se entrelazan en ciertos puntos. En
esos puntos o lugares geográficos la gente
ha construido estructuras religiosas o de
culto. Algunas de las catedrales europeas
han sido construidas sobre fundamentos de
templos paganos. Por lo tanto, parece ser
que algunos lugares geográficos tienen más
de la Nube que otros. El saber esto o el visitar estos lugares no nos acerca más a Dios
necesariamente, pero sí puede hacernos más
conscientes de ello. No debemos esperar

que estos sitios nos den poderes mágicos. Muchas personas se han congregado en estos lugares por miles de años. Aquellos grupos de personas que están comprometidas, correcta o incorrectamente, a contactar con el más allá, puede que tengan más esa clase de experiencias. La Biblia nos enseña a orar juntos en comunidad. A veces la gente se junta en comunidades para hacer brujería u otra clase de control de poder (por ejemplo, hacerse rico o manipular a gente), lo cual la Biblia prohíbe.

- **¿Está más cerca de Dios el mundo subatómico descrito por la física cuántica que el mundo descrito por la física de Newton?**

— No, porque tanto los aspectos de la realidad física cuántica y de la física de Newton han sido creados por Dios y por lo tanto están igualmente cercanos a su creador. De la misma manera, ni la subjetividad ni la objetividad están la una más cerca a Dios que la otra.

- **Pablo nos instruyó a orar sin cesar. ¿Significa que debemos orar continuamente usando palabras? Si no usamos palabras, ¿Cómo podemos orar?**

— Nos ayudará el imaginar que estamos trabajando en un negocio donde el Jefe está en la oficina con nosotros. No siempre hablamos con él, pero sabemos que está siempre ahí y que podemos hablar con él en cualquier momento y ser escuchados.

- **¿Se puede estar en oración incluso cuando estamos en situaciones intensas en las que estamos totalmente absorbidos en una tarea mental, como haciendo cálculos matemáticos o leyendo un libro de texto?**

— Sí, si desarrollamos el hábito mental de

ser conscientes de la presencia constante de Dios.

- **Si uno nunca vive una experiencia de la Nube durante su vida, ¿significa que hay un problema con su fe?**

— Las cosas normales de la vida son las que ponen orden y dan forma a la vida. Son esenciales. Las cosas especiales son reales y opcionales. El creer en Dios y sus promesas, el confiar en Él, obedecerle y hablar con Él, son las cosas normales de la fe. Todas estas cosas nos dan y nos sostienen la vida, tanto si vivimos experiencias dramáticas o no.

- **¿Los cristianos tienen más experiencias de la Nube que los no cristianos?**

— Los cristianos sí tienen más experiencias de la oración, pero eso no significa que tengan más experiencias especiales que otros. Las experiencias especiales no nos salvan. Somos salvos cuando aceptamos que necesitamos a Dios y confiamos en él.

**• Yo tuve una experiencia muy intensa de Dios cuando creí que Jesús es el hijo de Dios. He leído acerca de Satori- una experiencia que se vive en el Budismo Zen. ¿Son la misma cosa?**

— La experiencia de la salvación y la experiencia Satori tienen similitudes, pero también son profundamente diferentes. Ambas cambian los paradigmas y son experiencias indivduales. Ambas son experiencias de un absoluto y ponen en perspectiva las consideraciones periféricas. Ninguna de ellas debería ser un recuerdo, sino una realidad presente. Sin embargo, una vivencia de Jesús es una experiencia de relación y comunicación. Satori es una experiencia de unidad y de ser básico. Satori proporciona una experiencia del propio ser (naturaleza Buda) que es universal y profunda. La salvación en Jesús nos da la imagen completa de Dios, la cual incluye el propio ser y va más allá de nosotros mismos. La naturaleza básica de la realidad es relacional y no se centra en uno mismo, de manera que lo que queremos y necesitamos es salvación en Jesús. Mi libro '3 Teorías de Todo' desarrolla este tema con más profundidad.

**Copyright: Ellis Potter**

# SOBRE EL AUTOR

Nacido en California en 1948, Ellis Potter ha vivido en Suiza desde 1975. Habiendo sido primeramente un monje budista Zen, se convirtió al cristianismo en 1976 en la comunidad de L'Abri, bajo la influencia del fallecido Dr. Francis Schaeffer. Después de su conversión, el señor Potter trabajó como parte del equipo de L'Abri hasta 1991. Fue el fundador de Eastern Europe Renewal (Renovación de Europa del Este) en 1978 con su difunta esposa Mary y ha trabajado ampliamente en Europa central, Europa del este y en los cinco continentes. Sus antecedentes incluyen música, arte, teología y filosofía. Potter da conferencias internacionalmente sobre diversos temas, como la visión bíblica comparada con distintas visiones del mundo, la espiritualidad, el arte, la Epistemología y la Apologética. Sus otros libros incluyen: '3 Teorías de Todo', '¿Cómo sabes eso?' y 'Caminando a trompicones con Dios- una entrevista biográfica', todos ellos publicados por Destinée Media.

Ellis Potter, tinta y plumilla. **Per-Ole Lind**

Printed in the USA
CPSIA information can be obtained
at www.ICGtesting.com
LVHW021700131023
760943LV00051B/1389